Isabelle SARTRE

Au-delà d'un pédalier

NOUVELLE

PUBLICITEL

DROITS D'AUTEUR

ISBN : 978-2-9570300-0-2

Illustration en couverture : iStock-857106590

Publicitel, 2019

7 rue de Fontenay 28110 Lucé

À un certain pédalier
qui se reconnaîtra !

Un jour différent

Aujourd'hui est un jour différent.

Noël arrive et je vais décorer la maison.
L'illuminer pour la rendre accueillante, chaleureuse.
Les décorations de Noël, rangées, guettent impatiemment mon arrivée pour s'animer de nouveau et participer à la fête.

Le garage sourit de bonheur à mon entrée.
Les cartons m'appellent tous à la fois, pressés de déballer leurs trésors.
Je choisis celui des bougies, en bas d'une haute armoire.
Je me baisse et ouvre le tiroir.
Penchée sur les bougies, je reçois sur la tête des guirlandes lumineuses clignotantes de toutes les couleurs et trente-six chandelles.

Un objet lourd s'est jeté sur moi sans pitié, sans état d'âme, sans faire dans le détail.

Je crie, mais … trop tard.
J'ai reçu du haut de l'armoire un pédalier de trois kilos.

Que fait un pédalier pour muscler les jambes à deux mètres de haut, inaccessible pour mon mètre cinquante-huit ?
Toujours est-il qu'il existe, je l'ai rencontré.
Violemment.
Il a agressé ma tête et elle n’a pas apprécié.

On appelle ça un accident domestique.
Un domestique très mal dressé !
Vexé d’être relégué au deuxième rang après de banales bougies, il est parti en guerre contre sa propriétaire.

Le début d'une galère a commencé.
Joyeux Noël !

La nouvelle se répand

Je m'enfuis du garage. Affolé par mes cris, il ne fait rien pour me retenir. J'ouvre brutalement le congélateur pour sortir une poche de glace, et me jette sur une chaise.
La glace et la chaise se regardent, étonnées de mon manque de courtoisie.
La cuisine qui jouxte le garage a entendu mes hurlements.
Que s'est-il donc passé ?

Anéantie par ma douleur, je n'entends pas les chuchotements qui se répandent d'objets en objets.
La porte, transition entre le garage et la cuisine, fait les allers-retours des questions et réponses.
La curiosité est difficile à satisfaire quand on est une matière inerte.
Enfin, après m'avoir vue arriver comme une dingue, toute la cuisine est au courant.

- Elle est tombée sur la tête !
- Non, le pédalier l'a frappée.

- Elle ne le remarquait plus. On ne snobe pas ceux qui ont été utiles un temps.
- Quand même, il a fait fort.

Oui, il a frappé fort.
De tout son poids de ferraille.
Certes, un kilo de plume fait le même poids qu'un kilo de plomb.
Le même poids, mais pas le même effet !
Sportif, le pédalier n'a rien d'un poids plume et ma tête pendouille pour le confirmer.

Ouille aïe ça fait mal

Sonnée, je ne bouge plus.
Je n'ai pas pris les bougies, mais j'ai gardé les trente-six chandelles.
Assise avec mon sac de glace sur la tête, je maugrée.
Quelle brute, ce pédalier !

Sous l'effet de la douleur, je ne réalise pas la situation.
J'ai juste mal, ça va passer.
Demain j'irai mieux, je décorerai plus tard.
Je suis loin de deviner à ce moment qu'un combat de deux ans a commencé pour retrouver tous mes esprits.

Le pédalier a réussi son coup :
je ne faisais plus de sport ?
Eh bien, je ne serai pas non plus en état de penser !

Je n'aime pas les coups

Je n'aime pas les coups ;
les coups bas, les coups durs, les coups du sort,
les cousus de fil blanc,
les coups tordus,
à couteaux tirés,
les coups de pied,
les coups de tonnerre,
les coupures de courant,
les coups de maître,
les courants d'air,
les coups de ciseaux,
les coulisses d'un drame,
les coups de tambours,
les couches sales,
les coups de feu,
les coups d'état,
les coûts de la vie,

les coups de poker,
les couperets,
les coups de vaches,
les couci-couça,
les coups de gueule,
les coups foireux,
les coups de semonces.

Le courage n'est qu'une rage de cou.
Les coups de fourchettes ne sont jamais bons.
Les coups de pédaliers font mal.

Je n'aime pas les coups :
tous coupables !

La gifle

Assise sur ma chaise avec mon sac de glace, je vois que j'ai du sang dans la bouche.
Ça ne fait pas très propre, je m'en excuse.

J'avais abandonné mon pédalier, car je m'étais rendu compte que c'était un vicieux.
Mais j'aurais dû le jeter, le piétiner, lui arracher les pédales !

L'une d'elles m'a envoyé au passage une gifle monumentale, du nez à la mâchoire. Mes dents ont été ébranlées, ma tête est dans le même état.

Mais la douleur me tient en alerte, je suis bien réveillée.
Tout va bien, tout va très bien. Ce n'est quand même pas un pédalier qui va faire la loi dans ma maison !

C’est grave, docteur ?

« Alors je résume, dit le médecin :
IRM pour vérifier qu’un caillot de sang n’a pas profité de l’occasion pour squatter sans permission. Ce serait embêtant, il est toujours difficile d’expulser un sans-abri.
Radio de la mâchoire. D’étonnement, elle s’est peut-être brisée en mille morceaux.
Panoramique des dents. Pour faire un tour de la situation.

Tout cela bien sûr sera difficile à supporter, puisque :
vous êtes ailleurs et plus ici,
vous ne pouvez pas ouvrir la bouche,
vous avez des maux de tête terribles.

Je manque de mots pour décrire un traumatisme crânien.
Un traumatisme facial ?
Si vous voulez, ça ne change rien.
Les os de la tête se sont tous déplacés, microcospiquement certes, mais il sera difficile de les faire revenir à la raison et retourner à leur place.

L'ordre établi n'est plus respecté, c'est inacceptable.
On ne peut pas laisser notre crâne n'en faire qu'à sa tête, cette révolution doit être sévèrement punie.
Je compte sur vous pour recadrer vos idées. »

Des kilos en trop

Pourquoi parler de traumatisme crânien ?
Le pédalier est tombé sur le côté et non sur le dessus du crâne.
Mais la définition précise du mot crâne est :
os renfermant le cerveau d'environ vingt et un centimètres de long pour dix-sept centimètres de large.

Le crâne est devant, dessus, dessous :
partout autour du cerveau.
Et il n'a pas aimé recevoir ces quelques kilos, sur le côté ou non.

Je rejoins le club des mécontentes alourdies par ces «kilos en trop».
Dans mon cas, ils n'ont fait que passer, mais je suis la première à les détester !

Résultats

Les examens sont bons !
Quel bonheur, je vais bien !
Pas d'hémorragie dans le cerveau, donc pas besoin d'opération avec ses risques.
Pas de fracture, rien de cassé.
C'est un accident, certes, mais sans besoin chirurgical.

Dommage, un examen a manqué.
Oh … un petit examen de rien du tout.
Et le nez ? Et le nez ! Alouette ? Aaaaah !

Un os minuscule a bougé, créant une toute aussi minuscule fissure dans la racine d'une dent.
Une infection dentaire démarre, avec son lot de douleurs faciales incompréhensibles d'après les examens effectués.
La sournoise infection, bien planquée, va évoluer pendant deux ans sans être démasquée.

Et les dents ? Et les dents !
Aaaaah !

Rire, le propre de l'homme

La gifle de la pédale m'a cloué le bec, avec son petit lot d'inconvénients : je ne peux plus ouvrir la bouche et je ne peux plus rire.
Pas rire à gorge déployée ou rire à s'en décrocher la mâchoire, non, ça c'est fait.
Je voudrais juste glousser un petit rire de rien du tout.
A la place, je ris jaune, je ricane, je grimace.

De plus, la pédale a réveillé le nerf d'Arnold.
Qui c'est celui-là ?
Je ne lui ai rien demandé.
Très irrité, il m'envoie des décharges électriques du côté droit à temps et contre temps, selon son humeur.
Ma mâchoire se crispe, mon cou se tend, et moi, je saute au plafond en criant.
On me regarde de travers. C'est très mal élevé d'interrompre un repas d'une façon aussi inappropriée.

Excusez-moi, c'est une blague d'Arnold.
Personnellement, je la trouve de très mauvais goût.

D'un goût amer, douloureux et inattendu.

Arnold joue avec mes nerfs et les tire comme des ficelles.
Je suis devenue un pantin contrarié qui sursaute.

Hélas, un pantin n’est pas un homme.
Rire est le propre de l’homme.
Le pantin que je suis ne peut plus rire !

Chut !

Dans la maison, un grand silence s'est installé.
Dans la pénombre imposée par les maux de tête, plus aucun objet n'ose bouger.
Les chuchotements ont repris.

- On ne l'entend plus rire.
- Normal, c'est un pantin.

- On ne l'entend plus parler.
- La pédale a visé sa mâchoire.

- Les volets sont fermés.
- Ils la protègent des agressions extérieures.

- Elle est allongée sur le canapé.
- Il l'accueille dans ses bras pour la consoler.

- Les lumières sont éteintes.

- Elles la laissent se reposer.

Mais alors, qu’est-ce qu’elle fait ?
Mais…rien ! Absolument rien !

Le vide

En effet, je ne fais plus rien.
Débranchée, je suis aux abonnés absents, mes neurones sont déconnectés.
J'entends des sons, mais ils n'ont pas de sens.

Je ne suis plus concernée par la vie qui m'entoure.
Des images, des personnages qui bougent, un film muet que je regarde distraitement.

"Je pense donc je suis."
Je ne pense plus.
Le regard vague, l'esprit absent, je suis là mais je n'y suis pas non plus.

Il ne reste qu'un corps poliment présent au milieu de tout le monde sans distinguer personne.
Un poisson bouche ouverte serait plus expressif.
J'incarne l'expression " avoir un blanc".
Le néant dans mon cerveau s'est confortablement installé sans tambour ni trompette, dans un grand silence.

Un néant reposant, qu'on peut regarder sans vertige, sans fatigue puisqu'il n'y a rien à voir.

Où sont les thermomètres ?
Pourquoi me le demander ?
Même le mot ne m'évoque rien, qu'est-ce qu'un thermomètre ?
Laissez-moi dans mon désert si blanc, si net, si complet où plus rien ne me parle.
Mon esprit est ailleurs, il n'est nulle part.

Un jour les mots reprendront leur sens, chargés d'intensité.
Revenir sur terre sera brutal comme un atterrissage sans filet.
La vie exigeante reprendra ses droits, et je décollerai de nouveau.

Mais pour le moment, je plane dans un monde sans nuage, sans idée.
Étrange impression si rare dans ma tête.
J'oubliais d'arrêter de penser, maintenant j'oublie de penser.

Le vide est devenu ma vie.

Arrêt sur images

La pendule s'est arrêtée, ses aiguilles se sont figées.
Le temps s'écoule sans faire un pli.
Les heures se suivent et se ressemblent.
Elles se succèdent dans l'indifférence la plus totale.

L'inaction est devenue l'action en cours.
L'excitation n'existe plus, un grand calme s'est installé.
La terre ne tourne plus, l'encéphalogramme est plat.
Le repos s'est invité sur la pointe des pieds sans s'occuper du reste du monde.

Le silence a rempli mon univers.
Chaque seconde compte pleinement.
Je peux toutes les égrener et les toucher du doigt.
La lenteur du temps qui passe les rend intenses.
Le détail remplit l'espace et je savoure ces petits riens sans importance.

La guerre

Aujourd'hui c'est la guerre.
Les objets, lassés du calme ambiant,
reprennent leur vie comme si de rien n'était.

La bouilloire siffle,
le micro-ondes sonne,
la hotte souffle.

Le lave-vaisselle vrombit,
le four chauffe, Marcel,
le frigo lui répond en sourdine.

Le grille-pain saute de joie,
la casserole jubile sur le feu,
l'eau du robinet chante en cascade.

Des pas cavalent dans l'escalier,

le chauffage s'emballe,
le feu de cheminée crépite,
le téléphone résonne.

Et moi, j'explose !

Silence !

Je bats en retraite, j'ai perdu la guerre.
Je m'enfuis, mais où aller ?
Partout, des signes de vie se font entendre.

Je mets des bouchons d'oreille pour ne plus rien savoir du monde.
Mais j'entends encore et toujours la sonnerie du téléphone.

Dring ! Dring !
Je pète un câble !
Comme une furie, je débranche la prise, j'ai envie de tout casser.
Stop ! Le téléphone est enfin réduit au silence.

Plus de sonnerie, de bruit inattendu, d'agression sonore.
Mais j'ai aussi jeté les pincettes avec lesquelles il faut me prendre.
Gare à mes nerfs, je piétinerai le prochain objet sans-gêne qui m'importunera.

La dictature du silence est revenue.

J'ai mal à la tête

Des idées me viennent.
Je m'accroche, elles décrochent.
Je me concentre, elles s'enfuient.
Je me mets Martel en tête, mais elles s'en fichent.
Elles se bousculent, se cognent à l'aveugle pour trouver la sortie, rebondissent sur les parois de ma tête comme sur une caisse de résonance.

Stop, arrêtez !

Pas toutes à la fois, que chacune s'exprime à son tour.
Mais non !
Sujet, complément, verbe, plus rien n'a de sens, tout est en vrac.
Chaque idée s'impose, plus forte que l'autre, sans rapport avec l'autre, dans un désordre indescriptible.
Je crie, ma caboche secouée comme un grelot.
L'étau se resserre pour contenir toutes ces pensées.

J'ai mal à la tête.
J'ai juste reçu un pédalier sur le crâne.
Un pédalier, quelle drôle d'idée.
Pourquoi pas une libellule ou un papillon ? C'est plus léger !
Mais non ! Un pédalier. Et sur la tête.
Bien fait pour mes pieds.

Et depuis, eh bien depuis …
J'ai un traumatisme crânien et je pédale dans la choucroute.

Un entonnoir rendu fou

Ma tête généreuse est devenue un entonnoir.
Elle accueille toutes les informations à bras ouverts.
Aucune censure, aucune barrière, tout est bon à recevoir et à emmagasiner.
Elle fourmille de propos variés, tous plus farfelus les uns que les autres.

Mais dès qu'ils sont entrés dans le grand entonnoir, la bataille commence.
Quelle réflexion arrivera la première au cerveau ?
Laquelle sera l'idée de génie, l'éclair qui illuminera ma journée ?
La course commence.

Les pensées se bousculent, se piétinent mutuellement, elles se mélangent pour passer en force.
Les plus denses se précipitent pour descendre, les plus légères s'évaporent ou restent en suspens.

Ma tête généreuse se raisonne et l'entonnoir se resserre.
Il ne laissera passer qu'une information à la fois.

Mais les réflexions ne sont pas sages.
Elles refusent l'ordre et la priorité.
Un bouchon se forme à l'extrémité entre plusieurs d'entre elles.
Aucune ne veut céder sa place, chacune veut être la première.
Le bout de l'entonnoir résiste, mais elles finissent par passer en force, plusieurs à la fois.

Le cerveau est secoué par des opinions divergentes.
Chacune prétend connaître la bonne direction.
Elles empiètent les unes sur les autres, voulant être exécutées toutes à la fois.

Pauvre cervelle malmenée qui ne sait plus trier.
Tiraillée à droite, revenant à gauche, courant pour suivre le rythme jusqu'à ne plus savoir s'arrêter.
Une information à peine traitée, une nouvelle déboule pour la remplacer.
Le cerveau est devenu une locomotive emballée.
Il fonce droit dans le mur et l'épuisement.

Stop !
Droit de péage et de priorité.
Pas urgent ? Dégagé
Trop prenant ? Dégagé
Trop nouveau ? Dégagé

La locomotive souffle enfin, ses wagons remis dans l'ordre.
Plus aucun ne la bousculera.
Les limitations de vitesse sont de nouveau respectées, la destination désignée, le rythme apaisé.
Les wagons arrivent sagement les uns derrières les autres à bon quai.

Le calme est revenu.
Jusqu'au prochain départ … !

Secouez !

C’est reparti !
Secouez !
Pschitt ! Elles ont jailli dans tous les sens.
J'essaie d'attraper ces bulles d'idées,
trop légères, trop dispersées, trop indisciplinées.

Elles s'échappent dans l'espace en s'envolant.
Ces électrons libres ont rompu la chaîne de la raison et de la discipline.
La connexion entre elles est terminée.
Elles se sont désolidarisées pour n’en faire qu'à leur tête.

J'attrape une idée au vol.
Mais elle s'enfuit à l'arrivée d'une nouvelle.
Balancée de l’une à l'autre sans pouvoir en fixer aucune, je reste figée en attendant qu'elles se calment.
Le silence, le vide est le seul but auquel j'aspire.

Lentement elles arrêtent leur manifestation :
leur désir d’indépendance est passé.
Un armistice est signé, me laissant souffler en paix.

Jusqu'à ce que de nouveaux événements viennent me secouer et recommencer leur danse infernale.

Langue fourchue

« Rase-moi le sel, f'il te plait »

Je viens de parler à table,
dans le grand silence installé par les mouches.

Pourquoi ces regards de travers ?
Je ne comprends pas, mais je vois.
Je vois des yeux qui lâchent leur incompréhension.

« Pourquoi ces nœuds hagards ? Je veux juste le sol. »

J'ai du mal à articuler, ils pourraient comprendre !
Je n'ai plus les moyens de me faire parler !

Au Balthasar, on me passe :
une assiette, une fourchette, un couteau.
« Mais non, elle veut un bol ! »

Un bol ! Quel rapport avec le sel ?

Dans le grand n'importe quoi qui s'ensuit, je sursaute :
une fourchette vient de rayer délibérément une assiette,
une lampe vient de brutalement m'envoyer sa lumière,
une chaise poussée grince de mécontentement.

Je me lève et sort pour manger seule.
Au moins je me comprends ! Enfin, je crois.
En attendant d'en être sûre, je mange ma soupe.
Avec une paille …

Ce n'est vraiment pas pratique d'avoir
une gueule d'atmosphère coincée !

Conversations

Mes conversations sont limitées,
je cherche mes mots.
Je peux enfin ouvrir la bouche,
mais il n'en sort pas grand-chose.

Allo ? Ici Radio Torpeur.
Veuillez parler lentement s'il vous plait.
Le temps que chaque mot fasse un aller-retour au cerveau.
Oui, ça prend du temps.

Pour parler, je décompose les mots syllabe par syllabe.
C'est pas rapide !
Alors je préfère envoyer des textos sans queue ni tête.
De longs textos qui ne veulent rien dire, parait-il.
Mais ils m'occupent.

Curieusement, je ne trouve pas les mots pour parler,
je ne comprends pas cette langue étrange qu'est le français.

Mais je n'ai aucune difficulté à écrire sur mon téléphone.
En vrac, en détail, en bloc.
Bien ou mal, j'écris.

J'ai trouvé ma vocation, je serai écrivain.
Mes textes sont incompréhensibles ?
Je serai un écrivain absurde.
Et je serai en vente dans toutes les « non bonnes » librairies.

L'essentiel

Je n'ai rien à dire !
Qu'ai-je à offrir ?
Du vent, de l'air, du vide.

Comme un poisson
qui ouvre la bouche dans l'eau,
je n'ai rien à dire.

Mais comme l'oiseau qui invente une mélodie,
je n'ai besoin que de quelques mots
pour chanter en silence
que l'Univers est beau.

La peur

Panique à tribord, affolement à bâbord.
Au secours ! Le bateau prend l'eau,
le moteur fait des ratés et j'ai perdu les rames.
Je fuis à droite, je suis agressée à gauche.
La peur déborde de partout.

J'écope, je la rejette par seaux.
Mais à peine calmée, une nouvelle vague d'angoisse me submerge.
Secouée, je m'accroche à la rambarde, pas question de me laisser couler.
Je n'ai plus les pieds sur terre, le bateau tangue et me déstabilise.
Je saisis la barre, c'est sûr, je vais la redresser.

Heureusement les tempêtes ne durent qu'un temps.
Le temps pour moi de souffler et d'affronter la vague suivante plus solidement.

Un jour, le vent soufflera dans le bon sens et la tempête deviendra une bise légère.
Un jour, je dépasserai cette peur insensée et je quitterai à jamais cette zone de turbulences.

Dépasser la peur

J'ai peur.
De quoi ? De qui ? De rien. De tout.
La peur d'essayer, de recommencer.
La peur de ne pas y arriver.

Cette peur a un nom : le stress post traumatique.
Ou la peur de recevoir un autre pédalier.
N'importe où, n'importe quand, pour aucune raison.
La peur d'être de nouveau envoyée au tapis,
avec une violente douleur.

Dépasser la peur est devenu un combat.
Ma vie est une aventure, chaque sortie est un exploit.
Pas à pas, de plus en plus loin, de plus en plus longtemps,
je brave l'inconnu qui m'était autrefois familier.

Je repousse mes limites et le temps passé, avant d'être de nouveau prise pour un punching-ball.

Le casque me serre de nouveau.
Il me renvoie à la case Départ en me faisant retomber dans le puit de la douleur.

Mais case après case, j'avance.
Je me rapproche lentement mais sûrement de la case Arrivée.
Mes alliés sont le temps et la patience.
Aujourd'hui était une mauvaise journée ?
Demain sera meilleur.

Un jour, ma vie redeviendra banale.
Une vie où on agit sans s'en rendre compte.
Un jour, les efforts n'en seront plus.
Le quotidien se fera sans réfléchir.
Un jour, j'oublierai d'être reconnaissante des petits riens.
J'oublierai que tout ne nous est pas dû.

La tortue oubliera comment elle a gagné.
La tortue se prendra pour le lièvre.
La douleur cessera et je recommencerai comme avant.

Parce que c'est comme ça.
On ne vit pas dans le souvenir.
On est fait pour avancer.

La peur ne sera plus le moteur.
Mais quand même.
Elle m'aura changée, pour le meilleur et pour le pire.

Les chutes

Depuis l'accident, ma notion d'équilibre est devenue toute relative.
De loin, mes jambes ressemblent à des quilles posées sur le sol.
Elles font solides et stables, mais, au moindre obstacle,
elles s'écroulent ... et moi avec.

Un caillou, un trou, et je tombe.
Raide comme une statue au garde à vous !

Mais je ne me disperse pas.
La tête, le corps, les jambes, les pieds :
j'ai bien tout, je me relève sans dégâts.
Je n'en suis plus à une petite douleur près.

Mon but : entrer dans le livre des records.
Avec ma meilleure série, trois belles chutes en vingt-quatre heures, je ne dois pas en être loin !

La télévision

Après des semaines de mise en quarantaine,
la télévision est enfin allumée.
Elle éclate de joie et, toute émoustillée, se lance dans un film.

Son, couleur, mouvement, tout s'anime.

Les images défilent sans s'arrêter.
Les couleurs sont autant de flashs différents qui me mitraillent.
Le mouvement me dépasse.
Ah bon, les personnages en sont là ?
Non, ils sont repartis ailleurs.

Un coup de feu, je sursaute.
Qui est mort ?
Pas vu, pas pris.
Je ne comprends rien, tout va trop vite.

Je cours derrière l'image ou le son.

Mais pas les deux à la fois !
Indépendants, ils me posent un problème métaphysique. Impossible de les relier, ils font leur vie chacun de leur côté.

SOS ! Dispersion totale !
Je sors mon arme secrète, pas question de me laisser perturber par une télévision qui se lâche.
Je mets mes bouchons d'oreille et retrouve un semblant de raison.
Le film se déroule plus paisiblement.

Je ne comprends toujours rien, mais je n'en suis pas à ce détail près.

Ces jours qui se suivent

Quand la vie ne sera-t-elle que caresses ?
Aujourd'hui je régresse, rattrapée par les douleurs.

Demain il faudra rattraper ce temps perdu,
mettre les bouchées doubles,
être dynamique et pleine d'entrain.

Mais pourquoi la force serait-elle dans l'action ?
Le combat quotidien contre le découragement
est une bataille invisible.

Progresser lentement,
sourire envers et contre tout en dépassant sa souffrance
demandent une volonté et une sagesse discrètes.

Mais la banalité n'intéresse personne.

L'autre fait pitié.

L'apparence du légume fait fuir.
La vie est courte, chacun son karma,
tant que le sien est bon, on en profite.

Moi, si je devais choisir :
je serais décidée, intelligente et dynamique.
Mon destin est plus modeste :
je suis paumée, débile et inactive.

Mais chaque jour est différent,
ils se suivent et ne se ressemblent pas.
Chaque détail est précieux,
débarrassé de son superflu.

Finalement, oui, j'ai un destin riche et profond,
et je le vis seconde après seconde.

Au bout du compte

J'ai retrouvé l'usage des mots.
Je me sens sûre de mes pensées.
Mais voilà que les chiffres viennent s'en mêler.
Sournoisement.

Un jour, je n'utilise pas ma calculatrice pour un calcul.
Perplexe, je regarde ma feuille sur laquelle s'alignent des chiffres.
D'où viennent-ils ? De quelle planète sortent-ils ?
Nous n'avons pas été présentés.

Les chiffres attendaient ce moment pour me narguer.
Tu croyais avoir retrouvé tes esprits ?
Mais depuis des mois, nous sommes tapis à patienter.
Enfin, tu as cette révélation :
tu ne sais plus compter !

Les chiffres me regardent de haut, ils me snobent.
Ils sont dans leur monde avec leur langage.
Et moi, j'en suis exclue.
Ils se comprennent, s'additionnent, se multiplient.
Pour faire d'autres chiffres tout aussi indéchiffrables pour moi.
Je les regarde, ils ne me parlent pas.
Un plus un ne fait rien du tout.
Une notion abstraite venue d'ailleurs.

Je connais chaque valeur.
Je peux payer cinq euros quarante-trois cents.
Je connais le nombre d'habitants de mon village.
Mais n'allez rien y rajouter.
Pitié, pas de plus, encore moins de moins.
Que les hommes ne se multiplient pas et encore moins se divisent.
Je ne sais plus compter.

M'en fiche.
La balance le fait pour moi, je peux cuisiner.
La calculatrice le fait pour moi, rien ne l'arrête.
Les barres d'essence baissent, je ne tomberai pas en panne.

M'en fiche.
Je reprendrai mes tables pour réapprendre à compter.
Le mécanisme est rouillé, mais pas cassé.

M'en fiche.
J'ai tout mon temps, y'a pas le feu au lac.
Ça reviendra quand ça voudra.
Ça revient.
C'est revenu.

Je n'ai pas tenu compte du mépris des chiffres.
Ils ne m'ont pas impressionnée.
Leur grandeur ne m'a pas fait peur.

Je ne suis plus aussi rapide en calcul mental ?
Quelle importance. Seul le résultat compte.

Avec le temps, je retrouverai la vivacité qu'un idiot de pédalier s'est amusé à me voler.

Marche arrière

En avant toute !
Des mois ont passé, j'ai repris la voiture.
La conduite hésitante du début est oubliée.
Je regarde sans problème à la fois à l'avant et dans les rétroviseurs.
C'est formidable, quels progrès !

Je peux me déplacer, la marche à pied ne m'emmenait pas vraiment au bout du monde.
Je fais quelques courses, je vais voir des amies. La vie reprend ses droits.

Mais …
Pourquoi faut-il toujours des « mais »?
Pourquoi faut-il tout compliquer ?

Se garer est un nouveau casse-tête.
Conduire à l'endroit ne me pose plus de problème.

La marche arrière … si !

J'ai beau tordre mon cou à 180°, je ne comprends pas comment marche l'envers.
Si je regarde devant, je ne vois pas derrière.
Si je me tourne, derrière devient devant !

Pourquoi les roues ne se retournent-elles pas aussi ?
Pourquoi se braquent-elles ?
Je ne leur ai rien fait, pas besoin de se vexer.

Je regarde derrière, je tourne le volant devant,
les roues se tordent en crissant.
La voiture recule et j'ai mal à la tête !

Aquaplouf dans l'eau

Je reprends mes anciennes activités.
Prudemment !
Je confirme, il n'y a toujours pas le feu au lac.

D'ailleurs, je vais me contenter de la piscine.
Je choisis mon jour et l'heure :
aujourd'hui, tout le monde fête Halloween et court après des bonbons.
Je vais être pratiquement seule dans la piscine.

Pour la faible fréquentation, c'est réussi.
Mais c'est un curieux retour aux sources.
L'eau est rouge, avec des ballons noirs, des frites noires, une atmosphère angoissante.
Où est passée mon eau bleue, pure comme le ciel ?

Elle a aussi eu un traumatisme, avec une hémorragie ?

A moins que ce ne soit ma tête, qui, transformée en citrouille depuis mon accident, voit rouge … et la vie en noir !

Les magasins

Aujourd'hui, j'affronte un centre commercial.

Les yeux grands ouverts devant les magasins, je change de monde, comme un enfant qui découvre Noël.
Solitaire, je regarde l'animation des passants.
Sobre, je redécouvre la société de consommation.

Quelle avalanche de bruits, de mouvements,
d'objets dans lesquels on ne sait où plonger les yeux.
Je m'émerveille de tout.
J'avais oublié la profusion.
Que de propositions en si peu d'espace.
Je regarde chaque vitrine,
le centre commercial est une corne d'abondance.

Mais trop d'informations arrivent pour ma tête.
Tout bouge, tout va trop vite.
Impossible de savourer le moment présent, il est déjà parti.

Les passants sont pressés.
Ils font leurs courses, marchent, parlent au téléphone.
Ils ne se voient pas, ne se regardent pas.
Ils ne sont pas là pour ça.
Dans la foule, seuls au monde, ils vont leur chemin au son de musiques qui les entraînent à se dépêcher toujours plus.

Je m'enfuis dans un parc à côté.
Au calme.
Des personnes prennent le temps :
de lire pour des adultes, de jouer pour des enfants,
de danser pour des jeunes.
Je m'éloigne de leur musique pour les regarder.
J'en suis toujours à l'étape « image sans le son ».

Je m'assieds sur un banc.
Une femme y est déjà assise, mais aucun autre n'est libre.
La femme m'aborde, une discussion s'engage.
Nous nous attardons à parler.
Tranquillement, paisiblement.

Aujourd'hui est le jour de son anniversaire. Le mien aussi.
Une rencontre inutile, nous ne nous reverrons jamais.
Mais une rencontre chaleureuse, qui donne de la joie à la vie.
Un cadeau mutuel et imprévu pour nos anniversaires.
Bien plus que la course aux courses.

L'imprévu n'a pas toujours la forme d'un pédalier.

Récidives

Je retourne régulièrement dans les magasins pour progresser, même si le mal de tête s'incruste fortement après.
J'en fais un, puis deux.
J'oublie mon sac à main, mon téléphone. Plusieurs fois.
On me les rapporte.
Qui a dit que les personnes étaient indifférentes ?

Je prends le luxe de traîner dans une boutique.
Où avez-vous trouvé cette jolie chemise ? me demande une cliente.
Je peux vous aider ? interroge la vendeuse.
Oui !
En me laissant tranquille : je fais ma rééducation.
Qui a dit que les gens étaient individualistes ?

Devant ce harcèlement de gentillesse, je prends l'habitude de montrer mes bouchons d'oreille.
Je ne les ai pas mis pour les enlever à chaque fois qu'on me pose une question !
Qui a dit que les hommes n'avaient besoin de personne ?

J'avais pourtant choisi des endroits où j'étais inconnue.
Mais ma lenteur me fait remarquer.
Prendre son temps dans ces lieux est anormal :
je suis donc la dame des renseignements.
L'heure, la pression atmosphérique, l'endroit précis d'un magasin, on me demande tout !

C'est peut-être une chance :
je suis forcée de sortir de mon cocon.
Mais quelle idée aussi de faire du shopping !
Qui a dit qu'on pouvait rester zen dans un centre commercial ?

Un roman : le fil d'Anna

- Elle va mieux, constate la fenêtre.
- Il serait temps, ronchonne la porte.
- Oui, au bout de deux ans ! s'exclame le garage.
Cette fois elle va enfin les sortir, les décorations de Noël !
Vous croyez que la vie va reprendre comme avant l'accident ?

- Certainement. Elle est guérie, à quelques détails près, déclare le sage radiateur.
- Lesquels ? Je n'ai rien remarqué, siffle la bouilloire.
- Oui, dit la casserole, elle cuisine de nouveau.
- Fait le ménage, confirme l'aspirateur.
- Je balance de nouveau mes ondes. La radio soupire :
j'ai été longtemps réduite au silence.

- Moi, j'ai fonctionné tout le temps, déclare fièrement le téléphone portable.
J'ai été son fidèle compagnon, la seule lumière qu'elle acceptait.
Par ma présence, le monde existait encore autour d'elle.
Elle s'épanchait sur mon écran pour écrire quand les idées revenaient.

Je l'ai aidée à se concentrer, à réfléchir, à faire travailler ses neurones débranchés. J'ai été son ami et son orthophoniste.

- C'est vrai qu'elle a pondu un livre ? l'interrompt le minuteur.
- Mais oui. Elle a écrit son premier roman sur mes touches :
« Le fil d'Anna »
- Qu'elle a fini avec moi, pendant des heures, sourit l'ordinateur.
- Un roman à l'eau de rose ? demande la cafetière, curieuse.
- Non, un roman policier avec des rebondissements.
A défaut de se déplacer, elle a voyagé dans sa tête.

- Son roman fini, elle l'a mis au placard ? s'inquiète la poubelle.
- Pas du tout ! Elle l'a publié. Pour la première fois, on peut lire un de ses écrits.
- Quand même, un coup de pédalier pour prendre enfin l'écriture au sérieux, la vie est curieuse !
- Il lui fallait un coup de pouce pour en faire un métier.
- Le pédalier a raté sa vengeance, elle utilise toujours sa tête, conclue le radiateur. Certes elle a changé : elle n'est peut-être plus à côté de ses pompes, mais elle va moins vite et aime le calme.
Finalement, ce travail d'auteure lui convient bien.

Souhaitons-lui un joyeux Noël, elle est enfin de retour !

La vie reprend ses droits

L'émotion me submerge,
une bienheureuse chaleur m'envahit.
Les chaînes se brisent une à une, la vie reprend ses droits.
Sa banalité m'émeut, elle existe de nouveau.

Un simple retour à la normale, direz-vous ?
Ce serait oublier les tours et les détours pour y arriver :
les coups de blues, les bleus du cœur,
l'esprit sonné qui met du temps à répondre,
les marches trop hautes à monter, les paliers trop longs à passer.
La concentration qui oublie de revenir et l'énergie folle pour la faire obéir.
Les progrès soudains qui arrivent sans prévenir et bousculent en avant.

Ma tête, tel un coffre, s'est remplie peu à peu d'un trésor,
un trésor de bric et de broc tout en vrac :
le chant des oiseaux, la fleur qui sourit, le soleil en or,
le langage redevenu cohérent, le bruit en fanfare, le silence accepté sans obligation,
les conversations reprises là où elles s'étaient arrêtées,
la magie des mots dévoilée, la multitude des informations assimilées.

Le coffre ne sera jamais plein : il attend les prochains trophées et les prochains échecs, le bonheur et le malheur se succédant pour le meilleur et pour le pire. Quelles surprises nous réserve demain ?

Je prendrai avec joie le positif, et je patienterai avec le négatif.
Mais chaque instant présent vaut son pesant de cacahuètes à savourer sans modération.
Il a le goût de la vie.

Tel un escargot

Tel un escargot, je suis sortie lentement de ma coquille.
J'étais rassurée dans le noir, dans un univers limité, bien à l'étroit.
Rien ne pouvait m'atteindre dans ma coquille, j'étais protégée.

Et puis peu à peu j'en suis sortie.
J'ai commencé par regarder par le trou, ça avait l'air agréable dehors.
J'ai sorti prudemment une corne, puis une autre.
Mais elles étaient prêtes à se rétracter à la moindre alerte.

Au bout d'un moment, la tête a suivi.
Elle a regardé à gauche, puis à droite.
Elle était surprise, tout était nouveau, tout était à redécouvrir.
Mais pas trop vite.
Lentement le cou a suivi la tête, puis le corps.

J'ai fini par avancer.
Doucement, mouvement après mouvement : j'avais sur le dos le poids de mon traumatisme.

Les petits brins d'herbe sur le chemin paraissaient des obstacles bien hauts.

Après avoir rampé, je me suis retournée : pas mal, pas mal !
J'ai regardé en avant : encore trop, encore trop !

Mais je dépassais les brindilles, les petits bouts de bois.
Et puis je me suis retrouvée devant une bûche, trop grosse pour un escargot, je ne pouvais plus continuer.
Alors, j'ai doucement enlevée ma coquille, doucement : elle avait fait partie de ma vie pendant plus d'un an. J'étais habituée à m'y réfugier.
Je me suis relevée tout doucement, progressivement. Aller trop vite m'aurait renvoyée au tapis.

Je me suis mise à marcher, à trébucher, à continuer.
Chaque progrès me secouait comme un roseau dans le vent.
Mais le roseau n'a pas rompu, il a utilisé toutes ses forces pour se redresser.

Au loin se trouvait ma vie passée, arrêtée d'un coup.
J'en commençais une nouvelle d'un pas différent. J'avais appris à la ménager et à la respecter.

Mon grain de folie

J'ai perdu mon grain de folie.

Mais où est-il passé ?
Sur mon visage des boutons,
mais pas de grain de folie.

J'ai cherché sous mon lit.
J'ai trouvé des moutons,
mais pas de grain de folie.

J'ai été dans le jardin,
j'ai respiré toutes les fleurs, j'ai fouillé dans les choux.
Rien.

J'ai pris la mer à pleines rames.
Elle m'a donné le vague à l'âme.

J'ai pensé qu'il était peut-être caché dans le ciel.
Mais les étoiles se sont défilées.

J'ai volé dans le vent, l'air de rien.
Pas le moindre petit grain de folie.

J'ai fait une prise de sang pour le retrouver.
Les résultats étaient anormalement normaux.

Où est-il passé ? Je ne veux pas le perdre.
Que deviendrais-je sans lui ?

On voyait la vie sous le même angle.
Rien de carré dans notre existence.
On ne s'occupait pas des pointes désobligeantes.
On avançait main dans la main, bien parallèles.

Mais sans lui le chemin est tordu, les valeurs faussées, l'espérance perdue.
Sans lui je suis sens dessus dessous, le monde n'existe plus.

Pourvu que je le retrouve et le ramène à la raison.
Ce serait folie de vivre sans lui.
Sans mon petit grain de folie.

La vérité

Je me croyais une irréductible Gauloise.

Et puis un jour, le ciel m'est tombé sur la tête.
Un ciel lourd, sombre, noir.
J'étais écrasée sous son poids, à genoux, prête à capituler, ne résistant plus à l'envahisseur.
Abrutie.

Pourtant ma tête n'a pas cédé, elle a crevé les nuages qui pleuraient, les a transpercés.
Ils ne l'ont plus retenue sous leur emprise et ils se sont déchirés.

Mon front s'est alors redressé, mes narines ont aspiré l'air frais, ma bouche s'est ouverte.
Ma tête entière est passée, elle s'est retrouvée dans un ciel d'espérance sans limite d'un beau bleu azur.
Mes yeux grands ouverts ont vu plus loin que le bout de mon nez.

Toute nue, la vérité avait quitté son maquillage.
Sans ses fards, d'une lumière dure qui faisait mal, elle était juste.

Devenue lumineuse, elle enlevait tout aveuglement.
J'ai regardé en face la vérité crue et j'ai vu son chemin.
Une pente droite et raide.

Mes bras ont repoussé la pesanteur et les nuages.
Je me suis relevée, et tout mon corps a traversé à son tour ce ciel menteur.

L'air nouveau ne m'étouffait pas, je respirais de nouvelles senteurs.
Mais j'ai dû m'arrêter, étourdie par tant d'oxygène, par une telle pureté : j'étais trop habituée à la pollution du monde.

La montée était rude, loin de mes anciens chemins tortueux.
Alors j'ai pris le bâton de la simplicité pour m'alléger.
J'ai jeté sur un côté du chemin tout le superficiel, les apparences, le surplus qui me ralentissaient.
Sur l'autre j'ai jeté l'hypocrisie, la mesquinerie, l'obéissance.

La grêle est montée des nuages que j'avais dépassés mais n'a pu m'atteindre.
La foudre s'est désespérée de ne pouvoir que tomber, elle qui aurait voulu m'exécuter.
Mais j'ai continué, alors la vérité m'a regardée droit dans les yeux et son chemin s'est adouci.
J'ai vu des fleurs dans le champ où j'allais. J'y suis entrée et le chemin a disparu.

Je me suis envolée, la paix me portant sur ses ailes.
Une fois libre comme l'air, je suis redescendue sur terre continuer mon chemin de vie.
Il était devenu si agréable à suivre, j'étais tout simplement moi-même.

J'ai appris

J'ai appris :
à perdre du temps pour admirer les petites choses qu'on ne regarde plus,
à apprécier la banalité de la vie qu'on nous croit due,
à remercier pour ce que j'ai sans désirer ce que je n'ai pas.

J'ai appris :
un moment de bonheur vaut une éternité,
chaque chose en son temps,
la vie est étonnante mais jamais désespérante.

J'ai appris à m'émerveiller de tout et ne critiquer plus rien.
J'ai appris à aller de l'avant sans peur et sans m'occuper des reproches.
J'ai appris qui je suis et à l'accepter.
J'ai appris à être heureuse ... tout simplement.

Partie de rien

Boum !
Une tête vide a remplacé une tête pleine lors du choc.
Forcée de réapprendre à vivre, j'ai dû faire le ménage.
Quelle chance, j'ai maintenant un cerveau en ordre.

J'ai quitté les étoiles.
Allo la terre ? Ici la lune.
Attention je suis sortie du noir.

Excusez-nous, on avait l'image, mais pas le son.
C'est revenu, l'actualité est de nouveau au goût du jour.

Même plus mal !
Un casque sur le crâne ? Un étau qui n'arrête pas de le serrer pour en faire sortir la cervelle ?
Désolée, je ne m'en souviens plus.

La peur ?
Mais de quoi ?
Il faudrait vous mettre à la page, le passé a démissionné, le présent l'a remplacé.

Aujourd'hui :
je surfe sur les vagues de la réalité.
je roule en décapotable pour respirer la vie.
j'embarque vers l'avenir.

Peut-être pas à fond la caisse, mais qui en aurait encore envie ?
Je ne suis pas partie de rien pour arriver quelque part !
Je suis bien là où je suis en étant moi-même.

Qui je suis ?
Voilà une bonne question.
Chacun devrait se la poser à lui-même,
dépasser ses propres nuages
et s'accepter … tout simplement.

TABLE DES MATIÈRES

LE MOT DE LA FIN

J'aurais pu appeler ce livre : « Hymne à la vie »
Repartir de zéro est une rééducation qui construit une nouvelle personne : la sienne.
Pas de compromis, ni d'à peu près.
J'ai dû aller au bout de moi-même pour me retrouver. Mais ce travail m'a fortifiée, mon regard sur le monde a changé et j'ai pris de la hauteur.
Je devrais dire « du recul », mais en réalité, on avance !

Quelle que soit l'épreuve, un problème moral ou de santé, le combat est le même. Douloureux, mais constructif.
J'ai beaucoup appris, et pour m'en sortir j'ai utilisé l'humour.
Mais il n'existe pas de fonctionnement standard.
Chacun est unique et je souhaite à chacun de trouver sa méthode pour aller au-delà de son propre pédalier.

REMERCIEMENTS

Les épreuves sont des océans que l'on ne traverse pas seul.
Mon problème de santé a entraîné à bord de ma galère des personnes dont c'est le métier, celles qui vivent avec moi, celles qui me sont proches.
Le vent nous a secouées, la pluie nous a transpercées, mais le bateau a avancé, bon gré mal gré, et tout le monde a gardé le cap.
Je remercie Jean-Pierre qui redressait la barre quand je la lâchais.
Je remercie Aude et Sylvain, passés de moussaillons sans expérience sur cette mer déchaînée à de vaillants marins sur lesquels je pouvais m'appuyer.
Je remercie Matthieu, Monique, Myriam, Estelle, Rose-Marie et tant d'autres qui n'ont pas hésité à venir me voir dans la tempête que j'essuyais ou à m'envoyer des messages d'amitié.
Enfin, au niveau médical, j'ai été soutenue, portée avec beaucoup de compréhension, et je peux enfin jeter l'ancre.
Pour aller maintenant porter l'encre de mon écriture à vous, lecteurs, avec qui je souhaite partager cette tranche de vie.

Achevé d'imprimer par Corlet numéric
14110 Condé-en-Normandie
4e trimestre 2019
N° imprimeur 161797